वल्लरी

मुरलीधर श्रीवास्तव 'शेखर'

ललिता रानी,

तुम्हारी स्नेह-स्मृति में,

कवि की एकमात्रा निधि -

यह 'बल्लरी' समर्पित

तुम्हारा

- मुरली

क्रम-सूची

क्रम-सूची

क्रम-सूची

भूमिका

प्रोपेफसर मुरलीधर श्रीवास्तव, एम0 ए0, एल0 एल0 बी0, साहित्यरत्न की 'बल्लरी' अपने काव्य-सुमन के सौरभ से हिन्दी साहित्य के उपवन को सुरभित करने जा रही है। आशा है कि काव्य-रस-रसिक मधुकर इसका रसास्वादन करके आनन्द उठाबेंगे।

बाग के सभी फूल एक-से नहीं होते - नाम अलग, रंग अलग, रूप अलग, गन्ध अलग। कुछ ऐसे भी पफूल होते हैं जिन पर मौरों की भीड़ टूट पड़ती है और कुछ ऐसे भी फूल होते है जिनके पास मौर जाने का साहस भी नहीं करते। सबकी अपनी अपनी बिशेषता है। 'भिन्न रूचिर्हि लोकः' के न्याय से 'जो जेहि भाव नीक तेहि सोई', जिसकी जैसी पसंद।

❧❧❧

'महादेव अवगुण भवन बिष्णु सकल गुणधम।
जाकर मन रम जाहि सन ताहि-ताहि सन काम।

❧❧❧

इसीसे मैं किसी रचना विशेष की तारीफ अथवा शिकायत नहीं करना चाहता। हो सकता है, जो रचना मुझे पसन्द आयी हो, वह दूसरों को न जाँचे। साथ ही यह भी हो सकता है कि जो रचना मुझे अच्छी न मालूम हुई हो, वह दूसरों को काफी पसंद आवे। यों कुछ रचनाएँ ऐसी भी अवश्य है जिन्हें बहुत अधिक लोग पसंद करेंगे। अपनी इस भूमिका में मैं उनका जिक्र नहीं करता, क्योंकि मुझे अभी अपनी ही विवेचना शक्ति पर उतना विश्वास नहीं हुआ है।

किन्तु, इतना मैं अवश्य कहूँगा कि कवि ने जो कुछ भी लिखा है - अनुभव के आधार पर। उनकी रचनाओं से यहीं प्रतीत होता है। कवि को अपने ऊपर विश्वास है और साथ ही साथ अपनी कविता पर पूरा दावा भी, जरा उनकी 'प्रेम त्रिवेणी' में गोते लगाकर देखिये:-

तीन बस्तुएँ ही जगती में मैंने मादक मानी हैं।
तुम्हें, तुम्हारा प्रेम और अपनी कविता मस्तानी है।
तू और तेरा प्रेम एक है मेरी कविता तु साकार।
तीनों मिलकर बनी त्रिबेणी प्रेममिलन में एकाकार।

कवि को यह भी विश्वास है कि उसकी कविता में ताकत है उर पर चोट करने की और किसी को खींच लेने की।

जरा सुन लीजिये -

आज प्रिये! वह रूदन मौन गा-गाकर तुझे सुनाऊँगा।
जिसे आज तक गुप्त रखा वह भाव आज भिखराऊँगा।
आज हृदय की गुप्त वेदना कविता बन वह जावेगी।
तेरे उर पर चोट करेगी, पिफर तू भी खिंच जावेगी।

पाठक और पाठिकाएँ स्वयं अनुभव करके बतलावें कि कवि का दावा कहाँ तक ठीक है। मैं तो सिपर्फ इतना ही कहूँगा कि मुरलीधर जी ने रसिक हृदय पाया है और उनके समानधर्मी रसिकगण उनकी कविता में अवश्य आनन्द पायेंगे।

मनोरंजन

राजेन्द्र कॉलेज

छपरा

दो शब्द

यौवन के इन गीतों से कुछ ऐसी ममता रही कि प्रकाश में लाने का संकोच, हृदय से कठिनाई से दूर हुआ। पर अब, जब यौवन की वासन्ती प्रौढ़ जीवन के संघर्षों की ऊष्मा में बदल रही है, क्या एक स्मृति के रूप में ही इस वल्लरी को स्थान न दूँ? रस की ये दो-चार बूँदे किसी हृदयालु पाठक को सरस कर सकें, अन्तर की यही कामना है। हिन्दी-कविता के उपवन को कोई कोना इस वल्लरी से यत्ंकिंचित सुवासित हो सके तो कवि को बढ़ा सन्तोष होगा।

अपनी कविता के सम्बन्ध में कुछ कहना, कितना कठिन है! आँख दुनिया को देखती है पर स्वयं निज को नहीं। पर जो अपना है, वह तो अपनेपन के ही कारण प्यारा होता है।

मैं कविता को अनुभूति की विभूति मानता हूँ। कल्पना कविता का श्रृंगार भले हो पर अनुभूति ही कविता का प्राण है। अपनी अनुभूति को सबके हृदय की विभूति बना देना ही सच्ची कला है। वाणी रंगीन परिधन धरण नहीं करती, वह है

शुक्लवसना। अस्तु --

अन्तिम कविता 'जवानी' कवि का नये पथ पर पहला कदम है।

पूज्य कविवर मनोरंजनजी ने भूमिका लिखकर जो कृपा की है उसके लिये मैं हृदय से आभारी हूँ।

- 'शेखर'

कामना

जब तक साँस चले जीवन में लगा एक हो तार रहे,
तेरे मधुर नाम को प्रतिपल मेरे स्वर उच्चार रहे,
तेरी ही माधुरी विश्व की वीणा पर झंकार रहे,
हम नश्वर हैं सत्य, किन्तु अक्षय जीवन में प्यार रहे।

1. वाणी-वन्दन

वरदे! वह मधुमय स्वर भर दे
मुखरित मुरली की मादक ध्वनि
भर दे निज वीणा का मधु स्वन,
मेरी वाणी की बंशी में
वरदे! वह मधुमय स्वर भर दे।
उल्लास मधुर, उच्छ्वास मधुर,
जीवन के नव-नव-राग मधुर,
शिशुहास सहश कोमल कलरव
मेरे कंठ-स्वर में भर दे।

सुन, झुम-झूम जग इतराये,
लय में जड़चेतन लय जाये,
उर की मादकता उमड़ाकर
अग-जग को रस-पुलकित कर दे।

तू वीणापाणि! जरा हँस कर
गति, लय, रस मेरे स्वर में भर,
जग का घट, निज मधु से भर दे

वर दे! वह मधुमय स्वर भर दे।

2. यौवन की कहानी

नित तरंगित हो रहा था प्रेममय मेरा सरोवर,
वायु सुरभित कर रहे आनन्द के अरविन्द खिलकर,
मृदु प्रणय-संलाप को दुहरा रही भ्रमरावली थी
गा रही थी कोकिला भी कंठ में उन्माद भर कर।

क्या वही मधु भर सकूँगा, आज है रसहीन वाणी,
कह रहे, कवि से सुना दो पिफर मधुर यौवन कहानी?

पफूट पड़ती पाटलों की कोमला कलियाँ मनोहर,
इस युगल प्रणयी अधर का मदिर रसमय स्पर्श लख कर,
चूम कर कलियाँ सलज विधु-रश्मियाँ परिहासिनी-सी
जा रही थी व्योम को पुलकित प्रणय-संदेश लेकर।

है अभी तक किसलयों की मृदु रगों में कुछ निशनी
क्या सुना सचमुच सकूँगा बह सरस यौवन कहानी?

वे अरूण रसमय अधर जब विफल हो मिलते परस्पर
तब अरूण-ऊषा-मिलन से भी सरस था दृश्य सुन्दर,
ताल देती थीं चिटक कर कुंज की कलियाँ मनोहर
फिर सिहर उठती लतायें देख यह रस-रंग क्षण भर।

तब नसों में रहा मधु था - मगर अब आल पानी
क्या सुना सचमुच सकूँगा वह मधुर यौवन कहानी?

पल, घड़ी, दिन, वर्ष क्या है बीतते मैंने न जाना,
स्वर्ग क्या? आदर्श क्या? है ध्येय क्या? कुछ भी न माना।
इस धरा को स्वर्ग, तेरी सिद्धि को निज ध्येय जाना,
और यौवन के नशे में कौन है अपना-बेगाना।

छीन ली किस निर्दयी ने रसभरी मेरी जवानी?
हे रसिक! क्यों कर सुनाऊँ मैं तुम्हें यौवन कहानी?

फूलते जैसे बिटप हैं नित कुसुम सुकुमार लेकर
नित नवल मृदुभाव से भर, था खिला यौवन निरन्तर,
थी भरी मस्ती, न छाया भी पड़ी थी वेदना की
उस हृदय के कुंज पर नन्दन बिपिन शतशः निछावर।

जो कभी सच्चा तथा नित प्राप्त था, अब स्मृति, कहानी,
टीस दिल में क्यों उठाते पूछ यौवन की कहानी?

3. परिचय

किसी दीन कुटीर में गूँजती-सी
करूणा की, व्यथा की पुकार हूँ मैं,

कल-कोकिल-कूजित वाटिका की
बिखरी हुई कोई बहार हूँ मैं ।

कुछ दूर से आई हुई मृदु रागिनी
की मधुमय झंकार हूँ मैं,

मुरझाई हुई कलियों को ब्यथा भरी
आह का कोमल भार हूँ मैं।

अलियों ने जिसे मधु मादक गानसे
मुग्ध किया वह पफूल हूँ मैं।

बिखरी कलियों की सुहावने पात के
सौरभ से सनी धूल हूँ मैं,

प्रिय के पद की ध्वनि से मिलनातुर
प्रेमिका की हियहूल मैं।

मुखरा मुरली की मधु-धनि से
नित कूजिता कालिंदी कूल हूँ मैं।

कवि ने जिसे बाणी की बीणा बजा
कभी गाया नहीं वह भाव हूँ मैं,

विरही के हिये पै पड़ी हुई चोट का
नित्य हरा भरा घाव हूँ मैं।

प्रेम पयोधि फँसी मँझधर,
बिना पतबार की नाव हूँ मैं,

अपनी धुन के मतवाले सनेही के
मानस की मृदु चाव हूँ मैं।

4. अब क्या ?

प्रेम-पाश में बाँध प्रिये! अब बन्धन शिथिल बनाना क्या?
अधर-सुध का सुरस पान कर मधुरस पर ललचाना क्या?
हृदय लगा कर तुम्हें प्रमिक! पर से स्नेह लगाना क्या?
जिसे कहा, "सर्वस्ब तुम्हीं हो" उसे भूल पिफर जाना क्या?

पाँव रखा जब मेरा पन्थ में फिर दुख से डर जाना क्या?
शूलों का भय अगर तुम्हें अलि! फूलों पर मँड़राना क्य?
प्रेम लगा कर शिखी! जलद से, गर्जन से घबराना क्य?
चरणों पर सर्वस्व चढ़ा कर सकुचाना पछताना क्य?

अधर-सुधा से सींच प्रेम की लता पुनः मुरझाना क्य?
दिया हृदय ही जब प्रियतम को तन से मोह लगाना क्य?
पाकर एक बार, अपना कर, निठुर सद्दश तड़पाना क्य?
प्रिये के बाहु पाश में बँधकर लज्जा से सकुचाना क्या?

5. मधुमास मेरा

जब न अंगों थिरकता था पचल यौवन निरन्तर,
सींचते थे जब न अलियों को अध्र अरबिन्द खिल कर
इस हृदय की भावनायें, प्रेममय उद्गार सारे
वृक्ष में प्रकटित हुए थे जब नहीं साकार बन कर

उस समय से पूजती हूँ, वह सरल मृदुहास तेरा,
क्या खिलेगा बाटिका में फिर नहीं मृदुहास मेरा?

झूमती थीं मंद गति से कोमला कलियाँ मनोहर,
आ गया मधुमय अनिल किस प्रेम का सन्देश लेकर?
वह पुलक भर दी रगों में अंक में धर एक ही पल
खिल पड़ी कलियाँ, पँखुरियाँ खोल कर नवराग भर कर!

भूल सकती क्या कभी हूँ मंद वह परिहास तेरा?
क्या खिलेगा बाटिका में फिर नहीं मधुमास मेरा?

आज स्मृति में सरस सुख के पुलक से भर प्राण हुलसे,
सूझते उरकुंज के फिर से सुमन सुकुमार विकसे,
अंग की रोमावली में फैलती नव मदिर सिहरन
क्यों गगन में पिफर न प्रियतम! पूर्णिमा मधुराशि विलसे?

जब पुलक कम्पित हुआ यह प्राण, पा सुविलास तेरा,
क्या खिलेगा बाटिका में फिर नहीं मधुमास मेरा?

देखती अपलक दृदगों से थी सुछबि जिसकी मनोहर,
नाचता मन-मोर लखकर वह कहाँ है दिब्य जलधर?
वरती सर्वस्व जिसके पादपद्मों पर कहाँ है,
जिस हृदय धन के लिये आतुर निरन्तर आज अन्तर

क्या बिजन में ही रहेगा प्राण-खग का अब बसेरा?
क्या खिलेगा बाटिका में फिर नहीं मधुमास मेरा?

अंक में निशिदिन अनिल के, जो खिला नित कुसुम पल कर
वृन्त पर क्या टिक सकेगा तीक्ष्णालू का कुन्त सह कर
व्यार में विकसित हुआ जिसका सदा सुकुमार जीवन
फूल-सा फूला रहा जो अब रहे क्या खार बन कर?

सूखता अरबिन्द यद्यपि है उपा, आया सबेरा,
क्या खिलेगा बाटिका में अब नहीं मधुमास मेरा?

6. क्षणिक जीवन

तुम बनो कलिका प्रिये ! मैं हिमकणों-सा ढुलक जाऊँ
चूम तेरी मदिर लाली, मोतियों-सा बिखर जाऊँ

ले सजल मृदु अल्प जीवन
सरस कर यह विश्व-उपवन,

मैं स्वजीवन दान देकर इस धरा को सींच जाऊँ।

चन्द्र किरणों से नहाकर
उस बिभा में जगमगा कर,

मैं सरोवर के क्षणिक-से फेनिलों-सा बिखर जाऊँ।

गोद में ले रश्मियों को
फिर खिला कर बीचियों को,

चंचला-सी छबि दिखाकर बुलबुले-सा बिखर जाऊँ।
तुम बनो कलिका प्रिये! मैं फेनिलों-सा निखर जाऊँ।

7. चार दिन की जिन्दगी

चार दिन की जिन्दगी में प्यार से हँस-बोल खेलो
और मानस के कलुष को प्रेम-जल से आज धेलो

प्रेम की दुनिया निराली
हर्ष औ' उल्लास बाली,

इस उमड़ते स्नेह-सागर में हृदय का रस अड़ेलो,

आज विष की गाँठ भी
रस बेलि बन छावे धरा पर

रस-कलश में प्रेम-मधु भर हर्ष मय जीवन डुबोलो।

प्रेमतरू पर प्राण पिक पिफर
मुक्त होकर गान गाबे,

कठे में उल्लास भर कर आज उर का द्वार खोलो।
चार दिन की जिन्दगी में प्यार से हँस बोल खेलो।

8. प्रफुल्ल कुसुम

अपने क्षणिक विभव यौवन में ये मतवाले फूल।
मुस्काते ही रहते चिर दिन यद्यपि सहचर शूल!

व्यथा की कसक, हृदय का घाव,
यहाँ इनका है पूर्ण अभाव !

धरणी के कोमल थाले में चू पड़ते अनजान
निज चंचल जीवन से सुरभित कर अंचल-उद्यान

वेदना इन्हें न करती स्पर्श,
क्षणिक जीवन, विलास है, हर्ष।

चुम्बन का मादक स्वन भरता पागल मधुकर-पुंज!
सिहरन, पुलकन, गुंजन, कंपन से मधुमय है कुंज।

यहाँ कण-कण में है उन्माद!
नहीं व्याकुलता, व्यथा, विषाद!

कोमल कलियों की गलियों में है अलियों की भीर,
झूम रहा मध्मुय गुंजन से भर कर मलय समीर।

मधुप-मधु-कलरव का कर पान
बने बन में प्रसून छविमान।

इनके कोमल सरस हृदय में लगह न पीड़ा, ठेस
यह विलास की रंगरलियों का प्रिय चिरनूतन देश।

सम्हलकर आना कचि! इस ओर
अश्रु से करूण भाव को छोड़।

9. प्रणयी की लालसा

मेरे उर की वह प्रतिमा
वन पथ पर जब इतराती
चलती, चंचल द्रुत पग के
मुखरित नूपर-बन जाऊँ।

मोहित हो जब पर्फँसता जग
पद ध्वनि की इस उलझन में
पद, गति, लय, भेद, हृदय में
घर कर निज स्वर में गाऊँ।

उर की प्रति गति स्पन्दन में
जो मधु ध्वनि गूँज रही है,
निज कम्पन में वह भर कर,
सौरभ में पिफर बिखराऊँ।

उसके गोरे उर पर यदि
विहरूँबन कर मणिमाला
उसके प्रिय उच्छवासों की
गहराई थाह लगाऊँ।

10. साध

यही है चाह, यही अरमान, तुम्ही पर अर्पण कर दूँ प्राण !
तुम्हारे चरणों का कर स्पर्श, वेदना से हो आवे त्राण ।

अधर की सुरा पिला दो प्रिये ! रोम में हो आकुल उदभ्रान्ति,
चमक जावे चंचल चित बीच, चन्द्रमुख चारू चन्द्रिका
कान्ति!

छलक जावे उर-प्याला सुमुखि! प्रणय का छा जावे उन्माद।
तुम्हारी छवि की छलना छले, हमारे उर का मलिन विषाद।

तुम्हीं हो कल्पलता की कली, प्रिये! तुम सुषमा का श्रृंगार!
तुम्हारे अवगुण्ठन के तले, छिपा है सोने का संसार ।

हमारे उर का स्पन्दन तुम्हीं, नयन की पुतली तुम अनमोल,
तुम्हारे ललित हास में देवि! प्रवाहित अमर सुध का घोल।

तुम्हारी मधुर सरस मुसकान, तुम्हारा वह मधुमय संकेत।
स्नेह से सींच सींच कर हृदय, बना देती उद्भ्रान्त अचेत!

विफल हैं उर-वीणा के तार, जरा फिर से भर दो झंकार।
पुलक हो, कम्पन हो जग बीच, विखर जाने दो मेरा प्यार!

11. उपेक्षित प्रेम

जिस मरू में अंचल भर लाये,
तुम फूलों की ढेर,
किया सरस सूखी डालों को
मादक सुरभि बिखेर।

अनिल की देकर के झकझोर
जिसे खींचा था अपनी ओर,

उसीके मधुवन को क्यों आज
निठुर से हँस कर रहे उजाड़ !
छीनने को अअ हो तैयार
प्यार देकर-कैसा खिलवाड़ !

प्रेम है नहीं खेल की वस्तु
न है डर का अस्थिर व्यापार,
टिका है इसी दान पर किसी
दीन का सर्वस जीवन भार !

फूल चुन कर, जाते हो किध्र
बिखेरे हुए चतुर्दिक खार !

तरसते छोड़ चले किस ओर,
जरा बोलो, चुप हो क्यों मौन ?

तुम्हारे ठुकराने पर प्राण!
दूसरा प्रश्रय देगा कौन ?

परस्पर हृदय-दान का नाथ !
यही होना था यदि परिणाम !
कुचल देते खिलने से पूर्व
प्रेम की कली और अरमान !

उमंगें मुरझाकर असहाय
बनाती आज न हृदय मसान !

उपेक्षा की दावा में झुलस
हृदय-वन में है मरू का ताप
प्रणय-कोकिल! रो, मत तू कूक
उपेक्षित का जीवन अभिशाप!

उमंगों का हरियाला बाग,
लगा दी तुमने उसमें आग !
न पिघले तुम ज्वाला की आँच
निठुर तुम गाते मीठे राग।

ढूँढ़ता अब भी तू अनुराग
हृदय ! रो, पफूटे तेरे भाग !

12. हृदय से

ये शूल उन्हींके हैं तीखे,
जो आज बने तुमसे रूखे

जिसने था फूल दिया उसके
शूलों से दिल! डरते हो क्यों?

सुख-स्वप्न बिखरते जाते हैं
आशा-प्रसून मूरझाते हैं,

ठुकराने दो, उन चरणों की
चोटों से घबराते हो क्यों ?

सुख-पुलक दिया जिसने क्रीड़ा,
है उसी सजन की यह पीड़ा,

फिर पीर छिपाये अन्तर में
निशि दिन जलते, गलते हो क्यों?

जो रहा हास-परिहासों में,
अब वही अश्रु-उच्छवासों में!

बह पुलक, कसक बन आया है,
रस में रिस फिर करते हो क्यों?

13. पुनर्मिलन

मैं प्रणय की कामना से पिफर प्रिये! तब पास आया।
फिर बही प्याला पिला दे,
प्रेम मतवाला बना दे,

इन्द्रियाँ जग जाँय व्यकुल, मैं इसी की आस आया! मैं...
है तृषा व्याकुल बनाये,
वह सुरस कैसे भुलायें !

जो अधर के पात्रा में बहुबार रख तुमने पिलाया !
अब रहेगी कब अँधेरी ?
प्रिय मिलन में कौन देरी?

चारू चंचल पुतलियों में चन्द्रमुख का हास छाया।
प्रेम का अनुपम भिखारी
द्वार छेके है कुमारी!

मैं स्वजीवन दान देकर माँगने कुछ पास आया !
मिल चुका ओ, चाहता हूँ,
क्या नया कुछ माँगता हूँ?

लाज में पड़ क्या न करोगी? यही परिहास भाया !
जो सिंचे तब प्रेम जल से,
बाल-अंकुर आज विकसे,

प्रेम-पाले अंकुरों में अब प्रिये मधुमास छाया।
स्वाद जो तुमने चखया,
प्रेम मद भर भर पिलाया,

मैं उसी मद् में विकल, पद् लड़खड़ाते आज आया।
अब तुम्ही मुझको सम्हालो
भर भुजाओं में उठा लो,

जब किसी विधि मैं तुम्हारे द्वार तक यों पहुँच पाया।
मैं प्रणय की कामना से पिफर प्रिये ! तब पास आया।

14. अभिलाषा

प्रियतम! आज तुम्हें जो पाऊँ।
भर निज नयन युगल छवि सुन्दर, ललक-ललक बलि जाऊँ।
जीवन-धन से भेंट भुजा भर, उर की तपन बुझाऊँ ।

प्रियतम! आज तुम्हें जो पाऊँ।
मानस बीच खींच तब प्रतिमा, मृदु भावना जगाऊँ।
ललित ललाम रूप छवि-रस से, उर-उद्यान सिंचाऊँ।
प्रियतम! आज तुम्हें जो पाऊँ।

अन्तर बीच नाथ ! तब प्रतिमा प्रेम-अश्रु नहलाऊँ।
भावुकता की सरस धर से उर-मल कलुप धुलाऊँ!
प्रियतम! आज तुम्हें जो पाऊँ।

नयन-नीर-कन गूंथ-गूंथ प्रिय! मृदु मालिका बनाऊँ।
साज-साज सजनी! रजनी भर यह उपहार पिन्हाऊँ।
प्रियतम! आज तुम्हें जो पाऊँ।

15. प्रणय की प्यास

मैं मधु-ऋतु बनूँ हृदय-धन! कोकिल बन कर आ जाना,
मानस-निकुंज में मेरे तुम पंचम तान सुनाना ।

मैं बनूँ सरोवर तट की, अधखिली कमलिनी प्यारे।
तुम प्रणय गीत प्रिय गाओ आकुल-अलि से मतवारे।

मेरे मधुराधर की मृदु मुसकान नाथ! बन जाना,
मैं बनूँ कुसुम, प्रियमत तुम धगा बन कर गुंथ जाना।

मेरी सूनी कुटिया के दीपक बन कर तुम आओ,
मरे नीरस जीवन में मधुरस की धार बहाओ।

कब से यह रिक्त पड़ी है मानस की मलिना प्याली,
अपनी आँखों की मदिरा भर दो अँगूरों वाली।

सूखते कुंज में मेरे मलयानिल-से प्रिय! आओ,
हो चुकी बहुत निठुराई असमय पतझड़ न दिखाओ।

मधु है, पराग है, रस है, है कोष मुक्त कलिका का,
मधुराका की वेला है, पर अब तक पता न अलि का!

मैं व्योम बनूँ प्रियतम! तुम शारदी चंद्र बन जाना,
अपने प्रकाश से मेरा मानस-तम दूर भगाना।

नव इन्द्रधनुष-सा आकर रँग दो प्रिय मेरा जीवन,
भर दो निज कंठस्वर का मेरी बीणा में गुंजन।

मेरी जीवन-नैया के प्रिय! कर्णधर बन जाओ,
खेकर तरणी लहरों में अपने तट नाव लगाओ।

हरिनी-सी विहर रही हूँ कानन की है हरियाली
मादक स्वर सुन बिध जाऊँ मुरली की टेर निराली।

सीपी-सा हृदय खुला है, स्वाती का जल बरसाओ,
मोती की लड़ी बने फिर, पहनो माला सरसाओ।

पंखुड़ी खुली है प्यारे! संध्या की लाली छाई,
हा देव! न जाने अलि ने क्यों अब भी देर लगाई।

मंजुषा खुली पड़ी है, तुम अलंकार बन आओ,
चातक की चाह, शलम की आतुरता लेकर आओ।
मौरे-सी प्रकृति रसीली चंचलता लेकर आना,
देखोगे पल में प्रियतम ! मेरा जूही बन जाना।

16. प्रलोभन

रस कलश पूर्ण यौवन का प्रिय! आ वक्ष-स्थल पर ढुलका दूँ।

तू डूब-डूब रस में उतरा,

पी ले प्यारे रसमय मदिरा,

तेरे भुजपाश बीच प्रियतम! अलसित अंगो को सरका दूँ।

रस कलश पूर्ण यौवन का....

तू मुझे जकड़ मृदु बन्धन में,

कस ले मधुमय आलिंगन में,

मैं शिथिल बनी झकझोरों से मुख से कुछ श्रमकण बरसा दूँ।

रस कलश पूर्ण यौवन का....

प्रिय! आँखों में आ रम जाओ,

नस-नस में तुम प्रियतम छाओ

नयनों की नीलम प्याली में तेरी छवि भरकर छलका दूँ।

तुम उपवन-वन में जाते क्या?

फूलों से स्नेह लगाते क्या?

आओ बाँहो की डाली पर सिर रख मुख-परिमल विकसा दूँ।

निर्झर के 'झरझर' से बढ़कर,

मधुमय अपनी वाणी का स्वर,

तेरी छविमय श्रुति में प्रियतम! अमृत की बूँदें बरसा दूँ।

अधरों के नवविकसित पाटल,

सुकुमार राग रंजित मृदु दल,

इनका सुरभित कमरन्दासब तेरे अधरों को चखवा दूँ।

मुख-चुम्बन का मधुमादक स्वन,
उपवन का है अलिकुल गुंजन,
सुरभित साँसों के कम्पन में मधु मलयानिल को लहरा दूँ।
प्रेमी! किस रस हित जाते हो?
कुंजो से स्नेह लगाते हो?
आओ भावनालता अच्छादित मानस-निकुंज में रमवा दूँ।
ढालो यौवन का रस ढालो,
रस के चसके गोते खालो,
कोमल कलियों-सी उर निधियाँ तेरे अंचल में बिखरा दूँ।
छोड़ो कदम्ब के फूलों को,
सरसी के सरसिज फूलों को,
गलबाँहौ दे, लिपटा अंगों के झूले में प्रिय लहरा दूँ।
क्या मुँह मोड़ सकोगे प्यारे!
छोड़ प्रलोभन, ये सुख सारे,
और अधिक क्या जीवन, यौवन, सबसे देकर बहला दूँ।
रस कलश पूर्ण यौवन का.....

17. कौन प्रेम को बाँध सकेगा?

पागल-सा निर्झर-सा झरता,
हृदय-स्रोत से प्रेम उमड़ता,

बाँध् बनाकर कौन उमड़ता उर का सोता रोक सकेगा?

जो निज को देकर सुख पाता,
अल्हड़-सा पिफरता मद माता,

कौन भला वह प्रणय दिवाना, कुछ बणों में आँक सकेगा?

थाह प्रेम की किसने पाई?
किसने जानी है गहराई?

बाढ़ हृदय में सहसा आई, कौन कूल को बचा सकेगा?

18. अमर प्रेम

कहो न प्यारे! मुझे प्रेम है, तेरी मृदु मुसकानों से
कहो न, ये प्यारे लगते हैं नयन मुझे निज प्राणों से।

कहो न, मुझको सरस सुध से मधुर सदा तेरी बानो
कहो न, तेरी रूप-सुरा पी मनवाला हूँ मैं रानी।

यदि केबल है प्रेम तुम्हें प्रिय! मेरे मृदु व्यवहारों से
यदि तुम घायल हो जीवन-धन इस चितवन की बारों से।

मेरा प्रेमालाप श्रवण कर मोहित यदि तुम बन जाते
छवि-मदिरा पीकर यदि बनते हो प्रियतम! तुम मद्माते।

स्थिर है प्रेम कहाँ पिफर तेरा वह चंचल अस्थायी है
इसमें मोहन-वशीकरण की भरी हुई चतुराई है।

प्रेम नहीं रंगीन वासना है, प्रियतम! विश्वास करो
इसे प्रेम कहकर हे प्रेमी! मत अपना उपहास करो।

करना प्रेम प्रेम हित केबल अचन निरन्तर तुम प्यारे
बने अमर यह प्रेम, सरस हो छूकर जल-थल, नभ-तारे।

19. प्रणयी सिन्धु

1

युग-युग से अक्षय कौन गान,
गाते गर्जन स्वर से महान ?

वह कौन भाव गुंजायमान,
रहता लहरों में नित अम्लान?

2

हे बीर्यमत्त ! उद्दाम बेग!
है सिन्धुराज ! हे कवि विराट!

आवाहन करते किसे नित्य,
खोले हिल्लोलों का कपाट?

3

इस महाशून्य में बैट देब,
आलिंगन करते धरा-वक्ष,

उनने जाना, अब रिक्त हुआ,
रत्नों से तेरा पूर्ण गात्र !

4

मंथन कर तेरा हृदय-सिन्धु!
देवों ने छीना सुधपात्रा,

उनने जाना, अब रिक्त हुआ,
रत्नों से तेरा पूर्ण गात्रा!

5

चंचित भी हो, कर रत्न दान,
अब तक तू है इस का निधन।

तुझमें अशेष माधुर्य प्रेम,
अब भी उर में मद वर्तमान।

6

प्रणयी ! तेरा है अमित प्यार,
तेरे स्वर में करूणा अपार,

तेरे उर का ही चीत्कार,
गर्जन लहरों का लगातार!

7

हे उद्दिध! तुम्हारा दीर्घ श्वास
धर बाष्प रूप नभ में अपार

करता है विचरण व्योम-बीच
तेरी ही महिमा नित प्रसार।

तेरे उर की करूणा अशेष
नीले नभ का बन अलंकार,

धर सजल मेघ का रूप भव्य
सिंचित करती है धरा धर।

9
बसुध ने भी बढ़कर सवेग
पफैला निज सरिताकर अपार,

चाहा, बाँधे भुजपाश-बीच
तेरा विराट वपु जलागार !

10
वह क्षीणकाय तन्वी, जलेश !
तुम सिन्धुराज हो महाकार !

दोनों का पर है अतुल प्रेम
वह प्रणय धन्य तेरा उदार !

11
अधरों पर ले शतशः तरंग,
चुम्बन करते जब धरणि कूल

तेरा फेनोज्ज्वल ललित हास

खिल पड़े सहस्रों शुभ पफूल!

12

सरिता-उर का वह स्निग्ध स्नेह
लेकर सब रस तुमने उदार,

धर वषपरूप वह निराकार
नभ बीच मेघ के मिस पसार।

13

रस बरसा देते हो अशेष
धरणी पर, सरिता पर समान

प्रतिदान तुम्हारा है महान
अनुपम यह तेरा अत्मदान।

14

तेरा चिर यौवन है अनन्त!
फेनिल मद है तेरा अशान्त।

तू चिर पिपासु, प्रतिपल अधीर
तू प्रणयमूर्ति युग-युग-युगान्त।

20. कलिका का वियोग

कलिका विकल हो पूछती, "वह मुग्ध मधुकर है कहाँ?
मेरे सरस मधु अंक में निःशंक जो निशि में रहा ।

निज चुम्बनों के स्पर्श से जिसने मुझे पुलकित किया,
पिफर केलि कर, गुंजार से उपवन मनोरम भर दिया !

मैं प्रेम में पगली बनी, देकर विरह की चोट यों,
साजन हमारा छिप गया किस कुंज की अब ओट, क्यों?

रस लोभ दे जिसको पफँसाया था सुरभि के जाल में,
नव किशलय की सेज पर हंस-हंस झुलाया डाल में,

जिससे लिपटकर प्रेम का मृदुगान हम सुनते रहे,
सँग में सदा हम स्नेह के सुखस्रोत में बहते रहे,

वह कौन-सा अभिशाप है जो प्रेम में यों बंचिता,
वन में बिलखती हूँ विकल, पर है नहीं अलिका पता।

अलिका पता है पूछती कलिका बिलखकर बाग में,
प्रतिध्वनि विपफल हो लौटती बल क्या नहीं अनुराग में,
इस अंक में हृदयेश! तुम फूले समाते थे नहीं
रस पान कर उर का रसिक! तुम तो अघाते थे नहीं!

हो भोर पर तुम प्रेम बीच विभोर यों रहते सदा
तजना कदापि न चाहते चाहे पड़े जो आपदा।

रस लीन तुझ-सा प्रेम में सर्वस्व देकर कौन था?
उर में बरस पीसूस, हंसकर कौन होता मौन था?

मधुपावली गुंजार से छाया कभी मधुमास है,
उस वायुमंडल में बिखरता आज तो उच्छवास हैं।

सूनती न वह गुंजार हूँ, वैसा कहीं अब प्यार है?
नन्दन बिपिन था जो कभी उजड़ा बही निस्सार है?

मेरे अली! तुम किस कली को प्यार करने के लिये?
क्या रूठकर मुझसे गये थे हृदय देने के लिये?

इन डालियों के ठूँठ कहते - "यों न रूठो प्राणधन!
आओ, लगा लो अंक में, मिलकर, बनूँ खिलकर सुमन"।

21. पफूटी तकदीर

मैंने क्या काँटे बोये हैं, तकदीर हमारी सोई है!
निशि-दिन नयनों के जलकण से मैंने यह धरणी धेई है!

जिन विटपों की जड़ में मैंने जल दे-दे फूल खिलाया है,
काँटे चुनते जीवन बीता किशलय गैरों ने पाया है!

हँसती मद्माती दुनिया में, ऐसी फूटी तकदीर लिये,
कब तक जीवन ढोना होगा, सुख से वंचित सब भाँति प्रिये!

जगती के उपवन में कितने कुसुमों के दल हँस खिलते हैं,
मेरे उर में ही आने से मारूत के झोंके डरते हैं!

अन्तर के सूखे पतझड़ में ऋतुराज न क्या फिर आयेगा?
वन में बिखरे मुरझाये-से पत्तों में रस भर जायेगा?

सूखी नन्हीं-सी डालों पर कोयल फिर कूकें भरती है!
मेरी डाली पर क्या जाने आने से क्यों वह डरती है !

मद में सब सुख के झूम रहे, अधरों के पाटल खिलते हैं!
देखें वे प्यारे मधुराधर इन अधरों से कब मिलते हैं!

आँसू में भर-भरकर कितने मैंने अरमान बहायें हैं,
सूनी रजनी में अन्तर की प्रतिमा को भेंट चढ़ायें हैं!

कितने दिनकर डूबे नभ में, कितने दिन रो-रो बीते हैं,
बरसे नीरद नभ में लाखों, जीवन-घट मेरे रीते हैं।

जिनके माला फिरती कर में, जिनकी सुधि लेकर जीते हैं।
जिनकी अभिलाषा में डर का पट पफटने पर भी सीते हैं।

पीते थे तब वह रूप-सुध, विरही बन आँसू पीते हैं।
जीते थे तब साथ रहे, अब तो मर-मरकर जीते हैं।

विधना की गति विध्ना जाने, अपनी गति जान न पाये हैं।
जाना तो बस इतना जाना, तुमको दिल से अपनाये हैं।

सुनने को कौन सुने जग में, दुख का गीला अफसाना है!
खोटी तकदीर हमारी है, सुनकर आँसू ढुलकाना है।

किसके आगे दुखड़ा रोऊँ, कोई सुनने भी वाला है?
मिटना तो दूर रहा विधि का, कोई पढ़ने भी वाला है?

आफत के मारे दुखिया के पथ पर जो भटके आते हैं।
मेरी छाया छू जाने के भय से सुख सहमें जाते हैं।

विपदा से मुझसे स्नेह हुआ आफत ही मेरा प्यार है!
लाखों रवि हार चले ऐसा, विधि के पथ पर अँध्यारा है!

पूफटा-सा भाग्य लिये जग में, भगवन! यों कब तक रहना
है!

दुख की ज्वाला में जीवन को, प्राणों को आहुत करना है।

जीवन में रस है शेष नहीं केवल गम आँसू पीना है।
इस जीने से मरना बेहतर, यह भी क्या कोई जीना है?

22. मधुर मिलन

मिलन घड़ी है आज, जगा है चिर दिन सोया भाग!
मलय-लेप उस उर पर, होगा, जहाँ जल रहह आग!
नियति हँसे मत इस अवसर पर, कहे न कोई रंक,
ठहरे, मुझे जरा शीतल कर लेने दो निज अंक।

हृदय-कुंज में आज प्रणय की कोयल करती कूक!
रह न सकेंगे भाव-विहग अब उर में नीरब मूक !
बह जायेंगे रसधरा में भले पिफसल हो चूंक,
अब अतृप्त अरमान कहाँ से! कसक मिटेगी हूक !

बैठा है यह हृदय, खोलकर स्वागत में निज द्वार,
आबे मादक स्पर्श लिये अंचल में मधुर बयार !
सिहर उठेगी भाव-बल्लरी पाकर चंचल स्पर्श
रोम-रोम गुदगुदा रहा है जिसका कल्पित हर्ष !

हृदय बना है इन्द्रधनुष-सा ललित रंगीला आज,
पफूल-खिले सुरभित पादप-सा हृदय बना रसराज।
हँसे न मेरी उच्छृंखलता रख ईर्षालु-समाज।
रस में बाध बने न आकर, उठकर उर में लाज!

आज हृदय में कहाँ वेदना, व्यथा कसक है पीर !
वही मिलन को आया जिसके हित उर सतत अधीर !
फिर भी यह डर बना कि शायद छन भर मिल बे-पीर !

कहीं विलग हो जाय न प्यारा ज्यों धनु छूटा तीर !

क्षण भर का मधु मिलन हमारे लिये कल्प-सुख-स्वर्ग !
चरणों पर बस जरा चढ़ा लूँ प्रेम-अश्रु का अर्घ्य !
बाहु-पाश में बँध, पल भी हो अधर-अधर संयोग,
इस मधु मिलन बाद जीवन भी चाहे रहे बियोग !

23. क्रीड़ा

कादम्बिनी घिरी है, चपला चमक रही है,
सुरभित निकुंज वन में
तू कौन सुन्दरी है ? क्या किन्नरी, परी है ?
रूपसी ! किधर विजन में ?
मधुभक्त देवबाले ! रति-सी मनोज प्यारी
बरसा पियूस छबि की
जग जायँ इन्द्रियाँ ये, उन्मत्त हों हमारी,
संजीवनी प्रणय की।
उर भाव जाग जाते, ये नेत्रा तिलमिलाते,
चंचल छटा तुम्हारी,
सौदामिनी स्वरूपा आभा क्षणिक दिखा के
छिप मेघ में न प्यारी।
मधुगन्ध लुब्ध मधुकर, प्रतिपफूल पर विचरकर,
करता किलोल क्रीड़ा
कोमल कली विहँसती, रस दे प्रणय में पफँसती
तजकर समोद ब्रीड़ा
आशा उभर रही है, इच्छा थिरक रही है
मद रोम-रोम छाया
तन, मन अनन्त जीवन, सर्वस्व धन समर्पण
करने सप्रेम आया ।

24. मधुर अतीत

भूल जाऊँ, सम्भव है सुषमा वसुन्धरा की,
भूल जाऊँ, शैशब का चाहे वह स्वर्णकाल,

भूल सकता हूँ नहीं,
किन्तु उस स्नेह को मैं।

जिसकी मधुर छाया में जीवन प्रसून खिला,
जिसकी मनोहर लहरियों में डूबे थे ।

जिसने प्रिये बाँध हमें,
अपनी मंजु डोरी से !

कैसे भूल जाऊँगा, जीवन का वह वसन्त ?
कितनी मधुरिमा तेरी स्वर लहरी में।

क्या वह मिलेगी कीहं
सुखी, निरस जगती में ?

(2)
आह! उन आँखों की मादक बिमोहकता!
उसकी एक कणिका पा होता उदभान्त था मैं
किन्तु, इस बसुध का मोहन यह इन्द्रजाल,

मुझको बना है नहीं सकता
प्रिये ! मादे अब !
ओपफ! कितना भेद है !
विचित्रा परिवर्तन है !
चाहिये न वैभव मुझे,
विश्व का न गौरव ही

केवल एक कामना है -
"पाऊँ तुम्हे फिर से मैं
और भूल जाऊँ
तेरे प्रेम की भुलैया में

25. सफल जीवन

वह रूप क्या जिस पर रसिक बेदाम ही बिकता नहीं ?
वह रसिक क्या जो मधुप-सा निज प्रेम पफँसता नहीं ?
वह मधुप क्या रस लूट जो निज कुसुम गुन गाता नहीं?
वह कुसुम क्या मधुपान दे जो स्वयं खिल जाता नहीं ?

26. प्रेम-त्रिवेणी

तीन वस्तुएँ ही जगती में मैंने मादक मानी है
तुम्हें, तुम्हारा प्रेम और अपनी कविता मस्तानी है।
'तू' और 'तेरा प्रेम' एक है, मेरी कविता तू साकार
तीनों मिलकर बनी त्रिवेणी प्रेम-मिलन में एकाकार।

हृदय-हृदय का यह संगम है प्रेम तीर्थ यह न्यारा है,
इसके एक-एक गोते में छिपा स्वर्गसुख सारा है।
शीतल सलिल न इस संगम का मादक इसकी धरा है।
इसकी धरा में अवगाहन, चलना बीच दुधरा है।

कवि पंडा है प्रेम तीर्थ का, रसिया है अलबेला है,
इस तीरथ में नहीं दक्षिणा पैसा और अधेला है,
कर धेले या गोते खाले, यह तो बहती धरा है
जिसे डूबना हो संगम में, स्वागत उसे हमारा है।

छोड़ मोह, लज्जा, डर यात्री! यदि तू तट पर आयेगा
तो तत्काल देख मज्जनफल, अमरों-सा सुख पायेगा
प्रेम बने गंगा, तुम यमुना, बने सरस्वती यह वाणी
अक्षय हो यह प्रेम-त्रिवेणी, अमर बनें हम तुम रानी।

27. मुसकान

अरूण पल्लव-से अधर पर मन्द मृदु मुसकान रेखा
खेलती हो नव गुलाबी बादलों पर चन्द्रलेखा !

हँस पड़े, नवराग बिखरे,
तनुलता के फूल सिहरे,

आज जग ने इस हृदय में इन्द्रधनु का रंग देखा।

स्वर्ग जगती पर उतरकर
हँस रहा हो, पुलक से भर,

भाग्य-पट पर चित्रा रचती चितवनों की चारू रेखा

पुलक, कम्पन, मदिर सिहरन
रोम में भर सरस स्पन्दन

खिल पड़ो हो व्योम-वन में फूल-सी चल तड़ित-रेखा
शूल-सी उर चुम रही वह फूल-सी मुसकान-रेखा।

28. प्रेमसुरा

यौवन की प्याली में भरकर प्रेमसुरा तू क्यों छलकाती ?
मधु की प्याली रख आँखों के आगे काहे को ललचाती!

तड़प रहा हूँ मधु पाने को,
तेरे रंग में रंग जाने को,

इध्र सुरा का लिये बुलबुला यौवन तू प्यारी मदमाती।

अपनी ही मस्ती में झूमें,
मद में तू निज रस को चूमे,

छल-छल करती छलना प्यारी निज मादकता से डठलाती!

जब न चखाना स्वाद तुझे है,
तड़पाना ही रूचा मुझे है,

तब काहे को इन अधरों तक छलकाती मदिरा लाती?

प्रिये, भरो मदिरा मतवाली,
खाली यह जीवन की प्याली,

क्या न देखती रोम शिराएँ, देह हमारी है मुरझाती ?
पिफर भी प्रेमसुरा भरने में क्यों तू है इतनी सकुचाती ?

29. ध्येय के निकट

पथिक! दूर तक पहुँच चुका तू, अब मंजिल है दूर नही ।
दो पद और बड़ा मतवालो साहस से - वह दूर नहीं ।
जिसकी सिद्धि हेतु तुने है प्राण समर्पण की ठानी।
उसी ध्येय को निकट देखकर विकल हुआ यह नादानी।
जिसने तुझे प्रेम से खींचे यहाँ तलक है पहुँचाया।
भला उसे क्या पिफर न लगेगी तनिक तरस उर में माया ?
पर तू नाहक है घबड़ाता, साहस छोड़े जाता है।
देख ध्येय की प्राप्ति निकट है, अब काहे पछताता है ?
कितने कुश, कंटक, रोड़ों को पार किये तू है आया ।
विमल सरोवर निकट पहुँचकर क्यों आतुर हो घबड़ाया?
बाध-बन्धन पार किया सब अब उदास क्यों होता है?
स्वयं विकल है जो मिलने को उसके हित क्यों रोता है?
क्यों अपूर्ण रहने की शंका तेरे डर में जग आई ?
सकल सुखों को घड़ी तुम्हारे निकट स्वयं जब है आई?
वह क्षण कितना सुखद मनोरम जीवन में प्रियतम होगा !
जिस दिन साधक और सिद्धि का स्नेह सहित संगम होगा!
कितने दिन की अभिलाषायें ललित कामनायें प्यारी
आशंके! तू दूर हृदय से हो, अब सिद्धि हमारी है !
मंजिल पार पथिक ने की है, देख, देख बलि हारी है !
सफल साधना, मिला ध्येय है, आज लुटा दूँ, जो चाह!
अरमानों में फूल लगे हैं, रत्नाकर उर में थाहो

30. वह मुसकान

बेले का खिलता भी देखा, सरसिज का सरसी में हास
किन्तु रसभरे मधुर अधर का मिला न यत्-किंचित् आभास!
कलित कलाधर की किरनों का लोल लहरियों पर मृदु खेल
नब सरोजिनी की वह मीठी हँसी, कजी का पहला मेल !
प्रियतम बिधु के साथ माध्वी रजनी में तारों का हास
पा सकते क्या कभी प्रिये! हैं तब अधरों का सरस विलास?
वह अनुपम मुसकान मोहिनी छटा निराली अधरों की
थाह लगा सकता बसुध में कौन सुध की लहरों की?
वह मीठी-सी हँसी, सुध का घोल, मधुरिमा का आवास
किसे विश्व में मोह न लेगी अरूण अधर पल्लव का हास?
ललित, रसीने, मधुर गुलागी अधरों की मादक मुसकान,
रम्य प्रकृति में खोज थका कवि मिला न पर जंचता उपमान।
कहीं मिली लाली अधरों की, कहीं रसीली मधुर मिठास,
कहीं मोहिनी मिली, कन्तु मिल सका न अधरों का आभास।
मिली न वह मुसकान, निछावर करता जिस पर निधि सर्वस्व,
प्रिये, तुम्हारी मधुर हँसी पर मुझे वस्तुतः है कुछ गर्व।

31. तेरा साथ

कितना सुख है प्राप्त प्रिये! जब तू रहती है मेरे संग,
मधु बरसाती सरस कंठ से भरती उर में विपुल उमंग।
पुलकित करता रोम-रोम को मादक तेरा वागविलास।
सुन्दरी! सुलभ स्वर्ग-सुख करती जब रहती तू मेरे पास।

राग भरे ये उषा-सुन्दरी के सुन्दर हैं अरूण कपोल,
जड़े हुये हैं नील व्योम में छविमय विपुल एक अनमोल!
तारावली बीच हँसता है कलित कलाधर नित छवि वान!
नील निलय के परदे में पिफर हो जाता है अन्तर्धन!

पादप, लता, बेलिकुंजों के गले बीच किरनों की माल।
डाले हुये उदय-गिरि पर है मुसकाता हँसता रवि-बाल।
पिफर प्रभात की मन्द बायु में विहगावलि का केलि-विलास।
उनके चिर-चंचल पंखों को रंगता है यह अरूण प्रकाश।

वर्षा बाद सिहर उठता है हरियाला हो रम्य प्रदेश,
फूल-फूल उठते है नभ में भरने को सौरभ सन्देश।
उन्मादक हैं, मोद भरे हैं ये हैं सुषमा के आवास।
मेरे पाश्र्व बीच जब रहती इनसे मिलता विपुल हुलास।
किन्तु वही रंगिणी उषा पिफर रत्न, जटित यह नीला व्यो
जीवन-ज्योति प्रसारित करता जगती तें जो दिनकर, सोम
तथा प्रभावी वायु, विहगदल का कल कूजन नवल उछाह
तेरे बिना प्रिये! दिलमें बे भर जाते हैं तीखी आह !

ये रमणीय हृदय वसुध के जिनमें है छवि की मुसकान,
बन जाते तेरे अभाव में श्रीहत देह सदृश पिष्प्राण!
तेरे साथ विश्व सुन्दर है, तेरे बिना मसान समान!
तू सुषमा की केन्द्र प्रिये! है तुझसे ही जग है छविवान!

32. परित्यक्ता

इस ठुकराई को ठोकर से क्यों ठुकराये जाते हो?
तरस रहीं आँखें दर्शन को क्यों तरसाये जाते हो?
भटक रही हूँ स्वयं प्रेमपथ क्यों भटकाये जाते हो?
भूल हुई यदि मुझ से प्रिय! क्यों मुझे भुलाये जाते हो?

33. पतझड़

हा! उजड़ गया वह बाग आज मधुपों की है गुंजार कहाँ?
सूखी मुरझाई-सी कलिका रोती है, अलिका प्यार कहाँ?
वह जता नहीं, वह विटप नहीं, है नहीं कोकिला मतवाली,
कुंजो में गुंजन कहीं नहीं हा! सूख गई सुन्दर डाली।

है नहीं प्रणय का गीत यहाँ, मलयानिल की लहरें न यहाँ
मादकता की है छटा नहीं सोया कुचला अनुराग यहाँ
पत्तों की नस-नस में कोमल, संचित करूणा का गान भरा।
है नहीं वसंती वायु यहाँ आहों का सौरभ पूर्ण धरा ।

पिकदान नहीं मादक स्वर का, पुलकित छविमय मधुमास नहीं
पतझड़ है यहाँ वसन्त नहीं, मानसी व्यथा, उल्लास नहीं,
कुसुमित वल्लरी लताओं का वह दृश्य मनोहर मतवाला
पतझड़ ! तूने है छिपा लिया विध्वा समान है बनबाला।

34. वनवैभव

मुकलित कलित मालती कलिका यौवन-मद-मतवाली
थिरक-थिरककर, झूम-झूमकर हिला रही मृदु डाली
मलयानिल का मधुर भाव से कलिका को लिपटाना,
मृदुल मधुमयी धवल पँखुड़ियों का निज प्रेम जताना।

अरूण रसभरी कमलिनी उपवन-सर-जल-कूले
ललक-ललक रसनिधि पीते हैं मधुकर मधु में भूले।
नव निकुंज में फैल रही कुसमावलि सौरभ लहरी
मीलित कलित कोमला सरला की कोमल स्वर लहरी।

मृदुल मनोरम आम्रमंजरी मधुकरियाँ रसलीना,
पी मरन्द बेसुध मतवाली विपुल-हुलास-विलीना
शिशिर कणों से सिक्त वायु के शीतल धीमें झोंके,
पाकर विकल पाटली कलिका रूकी न पल भर रोके।

कुसुमाकर सुकुमार मनोरम हरित विनम्र लजीले,
मुददायक निज गोद खिलाते पाटल पफूल पफबीले।
किशलय कोमल हरित डालियाँ समझ मनोहर झूले,
झूम रहे हैं सुमन भावमय मंजुन पफूले-पफूले।

लिपटी शोभित कहीं सलोनी स्नेहसनी नवलतिका,
पाती मृदु द्रुम ललित करों से आलिंगन-सुख पति का,
नवनिकुंज में प्यारी सुषमा बिखरी कोने-कोने,

विकसित मंजुल सुमन रंगीले दश दिशि लोने-लोने।

35. मिलते समय

इन अधरों से अधर मिलेंगे, मृदुल भुजाओं से बाहें
हृदय मिलेंगे, पुल स्पर्श हो और अधिक हम क्या चाहें?
तुम अधरों की सुरा पिला दो मतवाला मैं बन जाऊँ।
तुम्हें हृदय से लिपटा कर मैं प्रिये! सुध पिफर बरसाऊ!

हृदय मिला है पहिले ही से, आज गात भी मिल जावे
नई चेतना प्रेम-स्पर्श से रोम-रोम में छा जावे!
मैं मतवाला बनूँ, प्रिये! तुम पिफर बे-सुध-सी बन जाओ,
सुध खो इस वसुध की प्यारी सरस सुध तुम चख पाओ।

अलका की वह सुध अमरता सुनते हैं देनेवाली
यह वसुध की सुध सदा जीवन में रस भरनेवाली,
मधुराधर की सुरा पिला दो, सोम-सुरा-सी बन जावे।
हम दोनों पिफर प्रेम-नशे में भुजपाश में बँधे जावे।

रोम-रोम में बिजली भर दे, आलोकित तन हो जावे,
सुछवि तुम्हारी, पुलक हमारा, अखिल भुवन में भर जावे।
कम्पन उठे जलधि लहरों में, कोमल अनिल झकोरों में।
रसिक जनों की हृदय हिलानेवाली सरस हिलोरों में।

देख रोम की पुलकावलियाँ तरु-राजियाँ सिहर जावे,
सरस कंठ का मंजुल कम्पन पिक गुंजन में भर जावे।

36. चलते समय

जिसे प्रपफुल्लित किया सदा है तुमने निज मुसकानों से,
जिसे कभी पिफर बेध दिया है तीक्ष्ण व्यंग के बाणों से,
जिसे कभी आशा दे देकर नट-सा नाच नचाया है,
कभी निराशा की चोटों से घायल प्रिये! वनाया है,

पुनः प्रेम का लेप लगाकर हरे घावको भर डाला,
उसी हृदय को आज तुम्हारे पास छोड़ जाता वाला!
चाहे झो प्रेम से भरकर अपने अंक छिपा लेना,
चाहे, समझ भेंट पागल की, बनी निठुर ठुकरा देना।

किन्तु कुचलना इसे न सुन्दरि! भरी प्रेम की चाहें हैं।
छिपी हुई अन्तस्तल में कुछ प्रेम पीर की आहें हैं।
अगर कृपा हो थाह लगाना मानस की गहराई की।
किसी सनेही के अन्तर की पुण्य प्रेम मधुराई की।

मोती मिले कहीं सहसा तो यों ही नहीं लुटा देना,
गूंथ चाव से मंजुल माला कर से, गले डाल लेना।
तेरे रस में डूब-डूब उतरा कर रसिक कहायेंगे।
चाहे प्रेम-प्रवाह-धर में बेग सहित बह जायेंगे।
वह जायें परवाह नहीं है उमड़ चले वह जलधरा।
उथल-पुथल के बाद मिले यदि तेरा विमल किनारा।
पी ले ऐसी सुध प्रेम की पिफर न कभी यों प्यास लगे।
जड़ में भी तुझको चेतन का वह सुमधुर आभास मिले।

आह! कहाँ पर है वह प्याला जो निशिदिन छलका करता
पीकर सुध झूमता गज-सा पथ में है मानव रहता।
प्याला नहीं, नहीं साकी है, दूर अभी मधुशाला है।
खड़ा द्वार पर बड़ा हठीला मद्यप-सा मतवाला है।

उसे पिला कर अध्र का रस पागल वृथा बना डाला,
स्वाद चखाकर अब तुमने क्यों निठुराई उर में पाला?
भूल सके क्या भृंग कभी भी कलिका की वह अँगड़ाई
जिसकी रूपछटा पर उसकी अभिलाषायें मँडराई ?

लिये अंक में मधु का प्याला स्वागत-रता कुसुम-बाला,
कैसे उसे छोड़ दे मधुकर सहसा मधु का मतवाला?
तु ही बता कि कैसे भूलूँ वे सुन्दर मधुमय रातें,
तु ही बता कि कैसे भूलूँ वे मीठी रस की बातें?

सिहर रहे हैं रोम-रोम तन, उनकी सुधि जब आती है,
सोई हुई मधुर वे स्मृतियाँ झंकृत हो जग जाती हैं।
बज जाती विकला हृततंत्री नस-नस स्पफूर्ति जगा जाती।
तेरी मंजुल मूर्ति हृदय के पट पर अंकित हो जाती।
प्रिये, उसी प्रतिमा के पद पर आँखे नीर चढ़ायेगी।
धेकर अश्रु-सलिल से प्रतिदिन अपनी जलन मिटायेगी।
यह अनुराग-वल्लरी कोमल, अभी-अभी अंकुर आये,
मालिनी! इसे सींचना दिल से, लतिका शीघ्र पनप जाये।
सहन न कर सकती सुकुमारी झोंके शे उपहासें के,
सदा सींचते आये गागर प्रेम-भरे विश्वासों के।
प्रिये! प्रिये! अब कंठ रूँध है कैसे तुझें पुकारूँ मैं?

तेरा प्रेम जगाकर प्यारी! उर का भार उतारूँ मैं।

जलता रहे प्रेम का दीपक, रहे निरन्तर उजियाला
वही मधुर आलोक प्रकाशित करे हमें तुमको बाला!
हृदय! मचल मत आज विरहकी व्यथा तुझे पिफर सहना है।
छोड़ प्रेम का नन्दन वन यह फिर मरूथल में रहना है।

कहने को तो विरह घड़ी है, रोम-रोम पर मद छाया!
मिलन तथा प्रिय के वियोग की अजब अनोखी है माया!
अन्तरतर के तार झनकते आज नशा-सा छाया है।
है तेरे वियोग का अवसर, उमड़ प्रेम पर आया है!

हृदय रो रहा व्याकुल होकर, पर सब भाव छिपाना है!
रोना उसके लिये प्रिये! है, जिसे न खुलकर पाना है!
छिपकर हृदय दबाकर करना प्रेम, यही सिखलाया है!
अन्तस्तल में सिसक-सिसक कर क्रन्दन करूणा सुहाया है।

आज प्रिये! वह रूदन मौन गा-गा कर तुझे सुनाऊँगा!
जिसे आज तक गुप्त रखा वह भाव आज बिखराऊँगा।
आज हृदय की गुप्त वेदना कविता बन वह जावेगी।
तेरे उर पर चोट करेगी, पिफर तू भी खिंच जावेगी।

इसी लिये मानस-रत्नाकर मैंने आज बिलोया है।
भावों के प्रसून तुझ पर ये चढ़ा हृदय हरपाया है।
इन कुसुमों की सुरभि प्रिये! यदि मोहित तुम्हे बना देवे
उचित यहीं, कुछ स्थान इसे भी हृदय-कुंज में दे देवे।

यदि इतनी भी कृपा हुई तो बड़भागी यह प्यारा है!
तेरा पावन प्रेमस्पर्श पा जीवन सफल हमारा है।
प्रिये! यही कामना हृदय की अक्षय तेरा प्यार रहे।
और तुम्हें अपना कहने का सदा अमर अधिकार रहे।

आज यही दो दान तुम्हारे हाथ यही सत्कार मिले,
तेरा पावन-स्पर्श मिले जीवन भर मीठा प्यार मिले।
वस लेता हूँ विदा, कृपा होगी तो मैं फिर मिल लूँगा।
कभी ढिठाई भरी, कड़ी दो चार सुना मन भर दूँगा।
दे जाता हूँ, हृदय छोड़कर, और तुम्हें क्या दे जाऊँ!
'मीठी याद' लिये जाता हूँ, सदा इसी पर इठलाऊँ!
बहक न ज्यादा अरी लेखनी, सीमा का मत पार करे।
हृदय खोलकर सम्मुख रख दे, घृणा करे या प्यार करे।

37. दर्शन

नाथ ! आँसुओं के मोती से सुन्दर हार पिरोया था।
देव ! तुम्हें ही बिठलाने को मानस आज बिलोया था!
यहाँ निरन्तर युगुल नयन से आँसू बूंदे गिरती हैं।
करूणा कभी तुम्हारी आँखों में भी क्या रहती है?
मुझ देख भर इन आँखों से अपनी आँखे लेने दो।
कहाँ भाग जाओगे तुम पिफर चार-आँख तो होने दो !

38. बन्धनयुक्त प्रेम

क्या कहूँ सखे! इस बन्धन में क्यों प्रेम हमारा मौन हुआ?
जो रहा सदा ही मुखर और प्रतिफल अधीर क्यों मौन हुआ?
उन्मुक्त प्रेम का पंछी यह पिंजड़े में बन्द तड़पता है,
क्यो तुम्हें बता दूँ कौन अधिक है, अपराधी वह कौन हुआ?

तुम भले बाँध दो प्रेम किन्तु क्रन्दन को बाँध सकोगे क्या?
तुम फूल कुचल दो भले किन्तु सौरभ को कुचल सकोगे
क्या?
हाँ, भले मसल दो प्रेम-पफूल यह आह गंध-सी उड़ जाये,
इन पंखुड़ियों को नोच-नोच इस धरा धूलि में बिखराये।

पर मुरझाई पंखड़ियों की नस-नस को है जिसने देखा,
वह यही कहेगा पीड़ित है जो प्रेम, उसी की यह रेखा।
तुम निठुर! समझते हो मैंने बन्धन से धरा बाँध दिया
हैं बिलख रहे दो-दो अन्तर, व्याकुल हैं दोनों ओर हिया।

तुम चले रोकने बाँध बना मेरे उर की उमड़ी धरा,
तुम लता घेर दो काँटो से क्या गंध बंद होगी कारा?
क्या घेर सकोगे बाँध बना मेरे उर के उद्गारों को

तुम रोक सकोगे पुलक हास, पर नहीं 'व्यथा' चीत्कारों को।

39. भ्रान्ति

निर्णय कर न सका प्राणेश्वरि! निठुर कहें या सरस कहें?
कहें प्रेम की गंगा अथवा अन्तःसलिला फल्गु कहें?
यही जानता-तुम मादक हो, मादकता के बीच बहे!
तुम यथार्थ में क्या हो प्यारी! भ्रान्ति बीच हम पड़े रहे!

कभी प्रेम का हाथ बढ़ाया, अधर-सुध भी चखवाया!
कभी जगाकर नशा प्रेम का धोखा देकर तड़पाया!
प्रिये, सदा ये भाव विरोधी तुमने उर में उपजाये!
बहुत मिल चुका तन-मन समझ न किन्तु तुझे पाये।

बनो न अधिक पहेली प्यारी! मैं न समझ तुझको पाता!
तेरी अठखेलियाँ, भुलावा, हँसी, न मन को है भाता!
सहने की सीमा होती है, दिल में होती है पीड़ा!
क्या उद्भ्रान्त बनाने ही में सपफल बनेगी तव क्रीड़ा?

मैंने तो दे दिया हृदय है, तुम चाहे खेलो खिलवाड़।
अब तेरा 'ईमान' ही जाने, भले डुबा देकर दे पार।
सौंप दिया अपने को तुझमें, लगा अर्थ तू जो चाहे,
निष्ठुर बन, या सरस हृदय बन, तुझको भावे जो चाहे।
एक बात पर कह देता हूँ, हृदय कुचलता पाप बड़ा।
इसके अपराधी को मिलता प्रेम-भुवन में दंड बड़ा।
चूर-चूर मत करो हृदय को शीशे-सा यह निर्मल है।
इसमें है प्रतिविम्ब तुम्हारा जो दुर्बल उर का बल है।

इस दिल का यदि ख्याल नहीं है निज छवि का ही ख्याल
करो।
प्रेम जगाकर हृदय बीच अब मत व्यकुल बेहाल करो ।
करना मत अनसूनी विनय तुम यह अन्तिम उर-आशा है।
बनो सरस तुम, छोड़ निठुरता, केवल यह अभिलाषा है ।

40. किस तरूवर के तले?

किस तरूवर के तले?
निर्जन वन में ढूँढ़-ढँढ़ थक हारी, नहीं मिले,
स्नेह स्पर्श से आशा दीपक देव! सवेग जले।
प्रियतम! कहाँ चले?
किस तरूवर के तले?
नयन-द्वार से आओ प्यारे! कपट-कपट खुल
मुरझाये मत-तुम्हें चढ़ाऊँ प्रेम-प्रसून खिले।
आओ, मिलें गले
इस तरूवर के तले।

मुरझाया फूल और दलित कुसुम
मुरझाया-सा फूल एक सूखी डाली पर,
थी विषाद की रेखाएं अंकित गालों पर!
कुचला हुआ प्रसन विटप के तले वहीं पर,
तड़प रहा था उधर दूसरा विकल धरा पर!
बोला मुरझा फूल, वेदना की आहें भर-
"सखे! चला मैं आज आखिरी गंध छोड़कर!
केवल कुछ क्षण मिलन प्रेम-रस पिया-पिलाया!

बीत चली बस अवधि क्षणिक जीवन की माया,

पर भर सुख में डूब, डाल पर मैं मुरझाया!
यौवन ही जब गया, प्रेम भी मिट जाने दो,
सूख गया रस जब-शरीर भी मुरझाने दो!
किन्तु तुम्हारी दशा देख करूणा जगती है,
कितने हो दयनीय! सोच छाती पफटती है।
बोलो कुचले कुसुम, हृदय को कुछ तो खोलो
सखे विजन के! मौन छोड़, अब भी कुछ बोलो!

बोला हँसकर दलित कुसुम-"क्यों दर्द उठाते?
तेरा जीवन सफल, प्रेम पाकर तुम जाते !
खिल कर ज्यों ही उठे, रंग छबि, शोभा आई,
अलि ने आकर मधुर रागिनी तुम्हें सुनाई।
खोल हृदय का कोष, उसे मधु सुरस पिलाया,
दे जीवन-रस-दान, गले से गले लगाया।
दलित पतित हूँ कहो कौन छवि पर इतराऊं?
कहाँ मिलन-सुख मिला, कथा जो उसकी गाऊं?

किस निर्दय ने तोड़ धरा पर मुझे गिराया,
कुचल चरण से मुझे-हाय! किसने ठुकराया!
दलित पड़ा हूँ यहाँ धूल में आस लगाये!
कभी वसन्ती मलय वदन को आ छू जाये!
मिटने के भी पूर्व जरा उससे मिल पाता -
पिफर न कुचल कर मिट जाने गम रह जाता!
पल भर भी यदि प्रेम-स्पर्श प्रियतम का पाता,
खुशी-खुशी फिर धरा-धूलि में खुद मिल जाता!"

41. आँख

तुम्हारी प्रेम-मद से छलछलाती हैं अरूण आँखे
उसे अंगूर की मदिरा भरी प्याली युगल समझे,
अजब कुछ मोहिनी इनमें, निराला रूप का जादू
जटिल जादुगरी से दो पिटारी हम भरी समझे।

कदाचित मदन ने मद-अयन-से दो नयन ये विरचे,
सजे शर-सैन से अथवा सिपाही हम इन्हें समझे
पलक के कवच से ढक कर चुटीले अस्त्रा जो अपने
रसिक-उर दुर्ग की जय में चतुर औ' सूरमा समझे।

सदा सुकुमार पल्लव-से पलक से जो सुशोभित हैं,
लता-सी देह के सुन्दर युगल विकसित कुसुम समझे
रसिकता में सरसता भर रही हैं रसभरी आँखें,
अंखड़ियाँ ये विकसिता मधुमरी हम पंखड़ियाँ समझे।

तुम्हें अमृत-कलश समझा जो समझा अधभरा निज को
वियोग के हृदय के हेतु संजीवन जड़ी समझे।
थिरकतीं नयन के जल में पुतलियां मीन-सी चंचल,
इन्हें प्रिय-छवि-ग्रहण के हित सजल हम चित्रापट समझे।

हृदय के यंत्रा की गति-सूचिका तुम हो घड़ी अथवा
सजन के प्रेम निधि को तौलने की दो तुला समझे,
न निर्णय कर सके अबतक कि समझे या न हम समझे,

पहेली गूढ़ माया-सी तुम्हारे नयन को समझे।

42. होली का रंग

(1)

गलियों में घूमती हैं जवानों की टोलियाँ।
हाथों में ले अबीर गुलालों की झोलियाँ।
घर-घर में गूंजती है हंसी औ ठठेलियाँ।
हर मुँह से निकलती हैं दिल्लगी की बोलियाँ।
हर ओर नया रंग, नयी ही उमंग है।
हँसता यह दृश्य देख विजय पर अनंग है।

(2)

चलती हैं रंग से भरी पिचकारियाँ कहीं।
चलती हैं रंग से भरी सुकुमारियाँ कहीं।
इसती विनोद मोद भरी नारियाँ कहीं।
प्यारों से अपने मिल रही हैं प्यारियों कहीं।
भंग है, नवरंग है, रसरंग कहीं है।
रंग है, बदरंग है, हुड़दंग कहीं है।

(3)

छाया है नया रंग सभी ओर पफाग का।
टूटा है बांध आप से अनुराग-राग का।
मत जिक्र करो आज सखे तुम विराग का।
आया है वरस बाद यह दिन आज फाग का।
उल्लास भरा हर्ष भरा अंग-अंग है।

बुढ़ा जवान सबके हृदय में तरंग है।

(4)

खुशियाँ मनाओ आज, भेद भाव मिटाओ।
जो मन में छिपा मैल उसे रंग में बहाओ।
रंग में रंगो दूसरों को, खुद को रंगाओ।
होली का दिन है आज गले हँस के लगाओ।
होली के मनाने का सखे! ढँग यही है।
अंग-अंग में उमंग प्रेम-रंग यही है।

43. अन्तर्ज्वाला

कभी प्रकाशित मिलन-कौमुदी में था मानस-मतवाला
किन्तु धधकती वाडव-सी है उर में आज विरह-ज्वाला
धधक उठे अन्तर की ज्वाला, आज हृदय में आग लगे,
प्रिये, विरह में तेरे अद्भुत ज्वालामय अनुराग जगे!

झुलस उठे कामना दूसरी, अभिलाषायें जल जाये,
उसी जलन में अमर शान्ति की शीतलता मानस पाये,
वह मेरे किस काम कामना जो तुझ से सम्बद्ध नहीं
क्यों वह भाव रखूँ मानस में जो तुझसे आबद्ध नहीं।

जले वेग से अन्तर्ज्वाला, जले, जले, हाँ, खूब जले,
जले अन्य अभिलाषायें यों, ढूँढ़े पर ना राख मिले,
रह जाये 'चिर साध' मिलन की अमरबेलि-सी हरियाती
यह कोमल अनुराग-बल्लरी प्रिये! सदा रस में माती।

अद्भुत ज्वाला जले हृदय में पर न इसे छूने पाये
बस प्रिय कलुष कामना मेरी अन्तस्थल को जल जाये,
रह जाये आलोक शुभ्र यों ज्वाला उर में जल जाये,
जलने के भी बाद आनोखी दाह हृदय में रह जाये,

विरह! तुझे यदि ऐसी ज्वाला लेकर उर में जलना है,
तो तू प्रिय से भी प्यारा है सदा सनेही अपना है,
हे पवित्रा ज्वाला सुलगाने वाले बिरह! न तुम जाओ,

मेरे रोम-रोम, नस-नस में ज्वाला हित ईंधन पाओ।

44. शैशव और यौवन

थी अज्ञान, यौवन की मस्ती, निपट अवोधिन मैं बाला?
जिसने यौवन की सीढ़ी पर पहला अटपट पद डाला।
शैशब गया, जवानी आयी, छलक उठा उर का प्याला
भरी अचानक इन आँखो में, चाव-भरी चितवन-हाला!

जीवन के निर्मेच गगन में इन्द्रधनुष छवि रंग वाला,
मैं अज्ञान थी किसने आकर जीवन-पट पर रंग डाला?
उस रंगीन हृदय के निर्दय नायक ने की निठुराई,
मेरे भोलापन, अबोध्ता पर रंचक न दया आई।

अरे रंगीले मेरे नायक! आशा-उपवन के माली!
छिदे न विरह-कुन्त से प्रियतम प्रेम-कली यह रसवाली!
जिसकी मृदु रसमयी उँगलियों ने जाना वीणा का तार
झंकृत हुई मूक हत-तन्त्री पाकर तेरा स्पर्श दुलार,

ललित युगल मृदु गौर भुजायें ये वीणा-वादिनि-सुकुमार,
उत्सुक हुई आज बनने को प्रियतम मृदुल कंठ का हार
जिसके कलित कंठ की मोहक सरस माधुरी का आभास
चातक की है करूण कथा में पिकी कंठ में जिसका वास।
मैं अबोध थी सरल बालिका नहीं जानती थी संसार
जाना तुम्हें नाथ! जीवन में और प्रेय सुख का भंडार!
निर्मल था शिशु-हास सदृश वह मेरा भोला बालापन!

पारस स्पर्श सदृश यह सहसा हुआ अनोखा परिवर्तन!

उससे भी यह मधुर नाथ! है सरस सुरा-सा मतवाला
भरा रहे यदि सदा प्रेम की सरस सुरा यौवन प्याला।
इसकी तीक्ष्ण माधुरी से है जीवन मानो मधुशाला।
रोम-रोम मादकता छाई अमृत-सी है यह हाला!

वह अबोधता थी प्यारी पर मादकता से हीन रहा।
मानस-निधि था नहीं तरंगाकुल होकर इस जोर बहा!
किन्तु आज मानस-सागर में मणि-रत्नों का जाल भरा
मन्मथ ने मन्थन कर मेरे प्रियतम हाथों बीच धा।

हृदय-जलधि के इन रत्नों में अजब अनोखा पानी है!
जिसकी चमक-दमक पर सारी दुनिया आज बिकानी है।
क्या विशाल सागर के मोती इनकी समता पायेंगे?
हृदय-जलधि के मुक्ता लख वे बे-पानी मर जायेंगे।

मंजु हार पहनो हृदयेश्वर! अक्षय यह श्रृंगार रहे।
प्रभो, सदैव गात में मेरे यौवन का संचार रहे।
यौवन की आँधी प्यारी है, शैशव बिरव बतास नहीं,
प्रणय-प्यास प्यारी, शैशब का चिन्ता-हीन विलास नहीं।

45. स्वप्न-मिलन

लालसा हृदय में जगती है, उर व्याकुल हो छपटाता है,
मेरा प्रेमी जब सपने में मादक छवि दिखला जाता है,
मेरी अलसित पलकों में जब मीठी-सी निद्रा आती है
तेरी छवि अनुपम मादकता ले आँखों में बस जाती है।

मैं सिहर-सिहर हो उठती हूँ आलिंगन में सुख पाती हूँ
तेरी छवि-मदिरा को भर कर नित नयनों में छलकाती हूँ।
तज लाज और संकोच सभी तुझ से निज तन लिपटाती हूँ
प्यारे! तेरे ही मधुर-मिलन का सुख क्षण हेतु उठाती हूँ।

मिथ्या होवे स्वप्न भले ही पर प्रिय वह सुखदायी है।
नाथ! तुम्हारे स्वप्न-मिलन में क्या मादकता छाई है।
किन्तु हाय ये बेरिन आँखियाँ व्याकुल हो जग जाती है।
ये अभागिनी खो सुख सारा नींद खुले पछताती हैं।

एकबार खोकर प्यारी छवि तड़प-तड़प रह जाती हैं।
बरसातीं आँसु कण, धुल-धुल रो-रोकर पछताती हैं।
धेखा देते अगर न दद्धग तुम खोटा भाग्य तुम्हारा है,
वैसा मीठा स्वप्न हृदय धन! सत्य-मिलन से प्यारा है।
तुम आये थे मधुर-स्वप्न में सत्य रूप में अब आओ,
व्यथा भरे नयनों में प्यारे! मंजुल छवि रस भर जाओ।
आते स्वयं न प्रियतम! यदि तुम तो सपने देते जाओ

री विश्वासघातिनी आँखें! तुम अब की चेते जाओ।

यदि तू पूर्ण मिलने के पहिले सौतिन-सी खुल जायेगी,
लूँगी पिफर प्रतिशोध याद रख कभी न तू खुल पायेगी।
देव! अलौकिक सुध बाँटते स्वप्न बीच जब आते हो,
कैसी सरस माधुरी सुषमा ला मुझको सरसाते हो।

क्षणिक मिलन की सुधा पिलाकर निष्ठुर से छिप जाते हो,
किस माया के देश प्राणप्रिय! छाया-से छिप जाते हो?
मेरे मन-मन्दिर की प्रतिमा! पिफर स्वप्नों में आ जाओ,
सत्य रूप में आ न सको तो स्वप्न बीच रस बरसाओ।

46. कच्ची कमल की वह कली!

उभरे न पूरे अंग है,
निखरा न पूरा रंग है,
सुरभित नहीं अबतक हुई
नव सुरभि से वन की स्थली!

यह तो अभी है अधखिली
बस सरलता ही में पली,
इस डाल में बह झुलती-सी
दीखती कितनी भली !
कच्ची कमल की वह कली !

मत गुदगुदा इसका हृदय
नित गान से तू प्रेममय
रसलोलुपी! पथ छोड़ दे
ऐसी रसिकता क्या भली
कच्ची कमल की वह कली !

तू प्रेम क्या है जानता?
रस स्वाद का ही है पता -
उड़ जायगा रस ले छली

देकर इसे बस बेकली।
कच्ची कमल की वह कली !

47. भ्रमर का विरह

अभि तो कल ही हृदय दिखाने,
अभी तो कल ही उसे मनाने

गया था, मैंने तनिक न जाना
बियोग का दुख मुझे है पाना!

नहीं तो मन भर मैं चूम लेता,
हृदय की निधियाँ बिखेर देता!

अनूप छवि वह निहार लेता
तो आज इतना दुखित न होता!

अभी तो कल ही गले लगाने,
अभी तो कल ही प्रणय जताने

गया था, इतना न हाय जाना
पड़ेगा मुझको विरह उठाना!

हरी-भरी डाल पर किलक कर,
थिरक-थिरक कर मचल-मचल कर,

कली का हँस-हँस मुझे बुलाना
नहीं है संभव उसे भुलाना !

बड़ी चपल थी ! बड़ी सरल थी !
निगूढ़ वह तो प्रहेलिका थी !

सुनहले मंजुल स्वकोष में लब
समझ हृदय-धन मुझे छिपाती !

तड़प के रहता हृदय हमारा
जो बात बीती है याद आती !

अभी तो कल ही खिली हुई थी,
नवल रुचिरता मिली हुई थी !

भरा उमंगो हृदय कली का
मरोड़ किसने, निठुर ने डाला !

विमल सरोवर की शान वह थी,
हमारे नयनों का वह उजाला !

व्यथित हृदय की हमारी रानी!
अनूप सर की वह दिव्य बाला!

दिखाया मन भर न प्रेम मैंने
न रूप-छवि देख थ अधया!

न स्नेह का स्वाद उसने पाया,
न हा! हृदय से हृदय लगाया!

किसी का मैंने था क्या बिगाड़ा
जो बिधि ने दुख का पहाड़ ढाया ।

48. कोयल

हरि-हरि डाल झूमती है,
निकुंज में कूक कूजती है,
सजाये मस्ती का साज कोयल,
न जाने क्यों कर मचल रही है!
भुलाये सुध-बुध, निराली धुन में,
हुई मगन मन में, कुंज वन में
अलाप कर मंजु स्वर में कोयल
अतीत स्मृतियाँ जगा रही है।
कुहुक-कुहुक की के कूकती है
न चोट करने में चूकती है,
सुना-सुना करके गान मादक
हृदय पर बिजली गिरा रही है !
अरी कलेजा कँपानेवाली,
हरी दहनियों प' गानेवाली
बता रसीली कोइलिया काली
क्यों आग उर में लगा रही है?
तुझे मिली आम्र मंजरी है,
सुहावनी सेज भी हरी है
किलोल करती तू किशलयों में
वह कौन प्रियतम रिझा रही है?
अनूप स्वर की तू गायिका है,
निकुंज वन की तम नायिका है,
सदैव साजन का नाम ले-ले

मुरलीधर श्रीवास्तव 'शेखर'

स्वप्रेम कोयल जता रही है।

49. अस्पफुट कलियाँ

(1)

मतवाली हुईं अँखिया लख के,
यह रूप छटा दरसाती रहो,
मधु की भरी प्याली सरोजिनी-सी
अलि आगे सदा छलकाती रहो।
मृदु मानस बीच मनोहर माधुरी
मादकता सरसाती रहो।
मम अन्तर-वाटिका बीच प्रिये !
मधुमास छटा बिखराती रहा।

(2)

रूक जा, रूक जा, यह रूप-सुधा
भरी प्याली नहीं छलकाओ, प्रिये!
मद से सनी मंजु पग-ध्वनि से
उर का एकतारा बजाओ, प्रिये !
चपला-सी अनोखी कला दिखला
मत नीरद में छिप जाओ प्रिये !
बहियाँ सुकुमार गले सखि, डार
छटा पिफर मंजु दिखाओ, प्रिये !

(3)

सपफला लतिका कविता की बने

तुम सींच दो प्रेम की धारा प्रिये!
उलझी मेरी नाव को प्रेम के सिन्धु
का आज दिखादो किनारा प्रिये !
अधरों का सुधा भरा प्याला पिला
खड़ा द्वार थका पथहारा प्रिये !
झनकार सितार दे तू दिल का,
दिलदार का री ध्रुबतारा प्रिये!

(4)

जहाँ प्रेम का नन्दन कानन है,
प्रिय की वह गैल बता दे अली!
बनना हृदयेश गले की मनोहर
मालिका तू सिखला दे अली!
तलुओं की मेरे दिलदार की धूल
जरा मेरे अंग लगा दे अली !
मचले मिलनाकुल मानस को प्रिय
बात सुना बहला दे अली !

(5)

कलिका हूँ छिपी कल कुंज की गोद
अली ने जिसे लिपटाया नहीं।
मधुरवली ने रस लूट के कोष
का मंजुल गान सुनाया नहीं।
मधु से भरा कोष छिपाये हुये
भ्रमरों को कभी भरमाया नहीं।

'हट जाओ, अली! न बढ़ो, अभी
गात में यौवन है चाल पाया नहीं।'

(6)
उर ने सब भाव बिखेर दिये
पद-पद्म पै एक तुम्हारे लिये।
निवछाबर प्राण हुये तुम पै
जग के सुख बैभव त्याग दिये ।
सुख की तब कामना एक लिये
हृदयेश सदा जग बीच जिये।
पर क्षोभ यही प्रिय! अन्तर में
तुम अन्त लौं नाथ! न मेरे हुये।

(7)
दिल लेके चले तुम छोड़ अकेले
सुधा अनुराग चखा के चले।
मचले उर को कुचले हुये छोड़
वियोग की ज्वाल जला के चले।
निठुराई हिये, हृदयेश! रखे मत
जाओ, भुजा भर भेंट गले।
जब छोड़ अतृप्त अपूर्ण मुझे
तजना था, भला तब काहे मिले?

(8)

मुढ में कर लीन सदा निज को
अपना कह के अपनाता रहा।
अधरों की सुधा बहु बार पिये भी
तृषाकुल-सा न अधता रहा।
चखता रहा स्वाद सुखों का सदा
पर तृप्त कभी न दिखाता रहा।
सुखदाता कहाँ हृदयेश, धरा को
सदैव जो स्वर्ग बनाता रहा ?

50. रत्न-कण

(1)

चलो वहाँ पर हृदय खोल दें भर लेबें जीवन का थाल,
जहाँ खिले पफुलों को शोभा से अवनत हो मंजुल डाल,
सघन कुंज की धनी छाँह में झरनों का झरता हो नीर,
मन्थर की गति से आता हो इठलाता-सा हुआ समीर।

(2)

शान्त अखिल नीरब प्रान्तर हो, जहाँ न हो जीवन का द्वन्द
चलो घड़ी भर तन्मय होकर लें जीवन का सुख स्वच्छन्द।
इस संसार-चक्र से छुटकर मिले प्रकृति की यीतल गोद
हाहाकार पूर्ण जीवन में क्षण भर भी तो मिले विनोद।

(3)

जहाँ मृदुल वृन्तों पर बैठे कुसम-कठोर में मधुपान।
करता हो अलि झूम-झूम कर प्रिय कलिका से स्नेह-प्रदान।
जहाँ प्रेम में तृप्ति नहीं हो, केवल सुख हो और बिहार।
चलो . वहीं पर बनें परस्पर हम तुम युगल गले का हार।

(4)

पुष्प-भार-अवनता-लता-सी तुम लिपटी हो मेरे संग,
युगुल भुजाओं के घेरे में पड़े शिथिल हों तेरे अंग।
उठे उरोजों के नीचे से उठवासों की मधुर बयार।
पिफर नन्दन वन और कहाँ है, हमें यही अलका संसार।

(5)

उध्र नील निर्भुक्त गगन हो, इधर कुंज सरिता एकान्त,
निर्झर के झर-झर से कूजित हो मेरे विलास का प्रान्त।
किसी शिला पर बैठ स्नेह से सुनते हों कोकिल के गान।
मैं कहता हूँ तुम्हें 'प्रिय' औ तुम कहती हो 'जीवन! प्राण!'

(6)

अपने क्षणभंगुर जीवन में स्वाद सुखों का लेने दो।
और तरंगाकुल भवनिधि में मुझको तरणी खेने दो।
पल-पल बीत रहा है जीवन यह यौवन मत खोने दो।
क्यों तुम चिन्ता में आकुल हो, होता है जो होने दो।

(7)

यदि तुमसे बिहीन होने पर मिले मुझे सुख-स्वर्ग

ऐसे सुख की नहीं हृदय में मेरे रंचक चाह।
तेरे पार्श्व स्थान हो मेरा, मिले सुखद सहवास,
यही स्वर्ग है, नहीं मुझे पिफर अन्य स्वर्ग की चाह।

(8)

तुम कहते हो सखे! कि मैंने निर्दय-सा व्यापार किया।
मुझे प्रेम का स्वप्न दिखा कर इस उर पर अधिकार किया।
तीव्र बासना जगी हृदय में मैं तो उसे सम्हाल चला,
तुम्हे विकल करने में, मैंने क्या न हृदय निज विकल किया?

(9)

जल उठता खुद दीप प्रथम है पिफर पतंग जल जाते हैं।
किन्तु मृत्यु के पूर्व प्रेम का स्वाद लिपट कर पाते हैं।
इसी एक आलिंगन के हित वे जीवन धारण करते,
चिर प्रतीक्षा सुख पाकर तत्क्षण वे हँसकर मर जाते है।

(10)

वह अनुराग-बाग दिखलाकर कहाँ छली तुम भाग चले?
मुझे मोहबन में भरमाकर तुम नल-से क्यों त्याग चले?
जीवन-तरी व्यथा-सागर की हलचल में यह क्यों सम्हले?
कुचले हुए निठुर से दिल को निराधर तुम छोड़ चले।

(11)

प्रेमचित्रा जो रचा कल्पनातूली चित्त-चितेरा,
उसकी झलक मिली जीवन में रूप देख यह तेरा।
यह अतृप्त उर खोज रहा था सच्ची छवि परिभाषा।
मूर्तिमती छवि देख तुम्हारी पूजगई अभिलाषा ।

(12)

जो अजेय रही सुन्दरता वह सजीव बन गये हुई।
प्रेय रही जो लौकिक निधियाँ तुझे देख वे हेय हुई।।
उपमायें छवि की प्रसिद्ध सब देख सुछवि उपमेय हुई।
अष्ट-सिद्धि नव-निधियाँ त्यागी, सिद्धि तुम्हारी ध्येय
हुई।।

(13)

बिधे बिना क्या बन सकती है कली कभी सुन्दर माला?
स्नेह स्पर्श के बिना न दीपक दे सकता है उजियाला,
घायल हुये बिना क्या कोई चखता है चितवन हाला?
संघर्षण के बिना न देती नीर कभी बारिदमाला ।

(14)

जिन नयनों ने सदा तुम्हारे रूपासब का पान किया,
जिन बाहों को बाहुपाश में भर तुमने सुखदान दिया।
जिन कुंजो में हिलमिल बैठे प्रेमादान प्रदान किया,
उन स्वर्गीय सुखों की स्मृति से आज हुआ दो टूक हिया।

(15)

बन चकोर जिस चंद्रानन को तुमने नाथ निहारा
जिसे 'प्रिये' मम 'प्राणबल्लभे' कह बहुबार पुकारा।
जिसके मृदुल बाहु-बंधन में बंध तनमन सब बारा
जाते हो क्यें बहा प्रेम की अब सजीव मधु धरा?

(16)

जिसके परिरंभन में तुम थे प्रिय भूस्वर्ग बताते
जिसके अरूण अधर पल्लव को चूम न कभी अघाते
जिसके हास विलास सुखों में थे सदैव रसमाते
पाते उसी प्रेम लोभी को अब क्या सुख तड़पाते।

(17)

चुंबन के मादक आघातों से कपोल थक जाते

जब विभोर हो प्रेम रंग में अलस अंग ढुल जाते।
हम प्रियतम में प्रियतम हममें, जब अभिन्न बन जाते
वह स्वर्णिम छवि आज यादकर पूफले नहीं समाते।

(18)

ला सुकुमार करों से सुन्दर कुसुम माल पहनाते
सुमनों को सौरभ से सुरभित सीनों को लिपटाते
जब प्रपफुल्ल हो मधुर प्रेम से प्रणयी जन मिल जाते,
मुरझाये पादप कुंजों के निरख केलि खिल जाते ।

(19)

रजत्-कौमुदी का छाया हो सुषमामय उज्ज्वल आलोक
वसुध पर वसन्त श्री रसमय, हृदय प्रेम से सुखी अशोक
तेरी चल चितवन पर सुन्दरी, विकल-हृदय हो यह बलिहार
इस नश्वर क्षण भंगुर जीवन में यह दुर्लभ सुख श्रृंगार।

(20)

प्रेम नहीं है इस वसुध में यौवन का व्यापार
दो हृदयों का सहज मिलन है, तन्मयता व्यवहार
स्वार्थहीन एकता हृदय की है इसका आधर
इस वसुन्धरा की सुषमा का प्रणयी हैं आगार।

(21)

क्या खोजूँ जब हाय जुट गया मेरा सुख श्रृंगार
सुखकी निश्तिब थी वसुन्धरा अब दुख का अंगार
सुख की कौन कहे जगती में जीवन भी अब भार
समझ सकेगा कौन विश्व में मेरा हाहाकार?

(22)

तेरे अमर प्रेम से भर कर अमर हमारा काव्य बने
तेरे मधुर भाव से भरकर मधुर सरस सम्भाव्य बने,
तेरे मृदुल पदों की मृदुता ले प्रतिपद सुकुमार बने,
तेरे प्यार-स्पर्श से वाणी विश्वकंठ का हार बने।

51. भग्न-हृदय

हमारे उपवन का पूछते क्या
न अब बसंती बहार बाकी,
मुरझ गये डाल के सुमन सब
न अब पिकों की पुकार बाकी।
ये धूल में पफूल मिल चुके हैं
लता अकेले बिलख रही है।
गली में कलियों की अब नहीं है,
रसीली अलियों की भीड़ बाकी।
हृदय हमारा ही लुट चुका है,
जो मधु था घट में, वह घट चुका है,
वृथा चलाते हो जिक्र मद का
रहा न मद का खुमार बाकी।
हृदय कहाँ राग जो सुनाबें?
कहाँ से झंकार पिफर उठाबें?
न लय, न स्वर है, रहा न साबित
सितार का एक तार बाकी।

52. भग्न-हृदय

जो क्रांति आग की लपट ओढ़ ज्वाला-सी जग में आती है
जिसकी भीषण गति से कम्पित होता धरती की छाती है
अवनी से अम्बर तक बढ़कर जिसकी चिनगारी जाती है
वह ज्वालामुखी क्रांति, ईंधन यौवन के हाथों पाती है
जो क्रांति-यज्ञ में आहुति बन जाये, बस वही जवानी है

यौवन उसको ही कहते हैं बस उसकी अमिट निशानी है
यौवन के कन्धों पर चढ़कर नवयुग मुसकाता आता है
यौवन के गर्जन को सुनकर प्राचीन सदा थहराता है
आंधी झंझा तूफान लिए नवयुग जब जगमें आता है
प्राचीन जीर्ण गढ़ धक्के खाकर खंडहर-सा ढह जाता है
नवयुग का नव सन्देश लिये आती जो वही जवानी है
यौवन उसको ही कहते हैं, जिसके मुखड़े पर पानी है

फूलों की सेज न रूचती है शरशय्या उसे सुहाता है
यौवन है ऐसा भीष्मब्रती कांटों का ताज सुहाता है
बलि-पथका राही यौवन है, बलिदान उसे बस भाता है
प्राणोंको लिये हथेलिपर वह गीत प्रलयका गाता है
मस्तक संसार झुकाता है यदि ऐसी तपी जवानी है
ऐसे यौवनका यश गाकर पावन नित कविकी बाणी है
अंगार और चनगारी को वह हंसकर गेंद बनाता है
पफूलों को वह बिखराता है शूलों से स्नेह लगाता है
बलिपथ का राही यौवन जब अपना सन्देश सुनाता है

झोपड़ी सजग हो उठती है पर महल उधर घबराता है
जो चढ़ती हुई जवानी है वह खुद ऐसी दीवानी है
छू दे यदि अपने हाथों से मदिरा बन जाता पानी है

जब अत्याचार उभरता है, जब शक्ति निरंकुश होती है
दुख-ज्वाला में जब झुलस-झुलस असहाय जाति नित रोती
है
उस समय जवानी जगती है दुख अत्याचार मिटाने को
अपने को स्वयं मिटाती है जनता को सुखी बनाने को
पानी में आग लगा देती अल्हड़-सी नयी जवानी है
जिसक गति में कुरबानी है उसकी क्या रुकी रवानी है